Die feine Art
sich Feinde zu machen

JAMES ABBOTT McNEILL WHISTLER

DIE FEINE ART SICH FEINDE ZU MACHEN

REGELN DER KUNST,
DER ZEHN-UHR-VORTRAG & ANDERES.
MIT EINWÄNDEN VON
OSCAR FINGAL O'FLAHERTIE WILLS WILDE
& GILBERT K. CHESTERTON.
NEU ÜBERTRAGEN
UND ARRANGIERT VON
FRITZ SENN.
MIT EINEM NACHWORT VON
GERD HAFFMANS.

HAFFMANS VERLAG BEI ZWEITAUSENDEINS

Die Erstausgabe erschien im Frühling 1984 im Haffmans Verlag.

1. Auflage dieser Neuausgabe, Frühling 2013.

Gestaltung, Satz & Produktion von Urs Jakob,
Werkstatt im Grünen Winkel, CH-8400 Winterthur.
Druck & Bindung: Ebner & Spiegel in Ulm.
Printed in Germany.

Dieses Buch gibt es nur bei Zweitausendeins im Versand,
Postfach 110307, D-10833 Berlin (für Bestellungen),
Telefon 069-420 8000, Fax 069-415 003,
Internet www.Zweitausendeins.de, E-Mail info@Zweitausendeins.de.
Oder in den Zweitausendeins-Läden in Augsburg, 2x in Berlin,
in Braunschweig, Bremen, Darmstadt, Düsseldorf, Erfurt,
Frankfurt am Main, Göttingen, 2x in Hamburg, in Hannover,
Karlsruhe, Koblenz, Köln, Leipzig, Mannheim,
Marburg, München, Münster, Neustadt an der Weinstraße,
Nürnberg, Oldenburg, Stuttgart & Ulm.

ISBN 978-3-86150-613-3

INHALT

JAMES ABBOTT McNEILL WHISTLER

OSCAR WILDE

GILBERT K. CHESTERTON

ANHANG

JAMES ABBOTT McNEILL WHISTLER

Ich bin mir nur allzu bewußt,
in einer Zeit zu leben, die
nur die Langweiligen ernst nimmt.

Mr James McNeill Whistler
Max

Das rote Tuch

WARUM sollte ich denn meine Werke nicht "Symphonien", "Arrangemente", "Harmonien" und "Nocturnos" nennen? Ich weiß, daß viele brave Leute meine Benennungen für ulkig und mich selber für "exzentrisch" halten. Ja, "exzentrisch" ist das Beiwort, das sie für mich passend finden.

Die breite Mehrheit der englischen Öffentlichkeit kann und will ein Gemälde von mir nicht als Gemälde betrachten, als etwas anderes als die Geschichte, die es vermeintlich erzählen soll.

Mein Bild einer "Harmonie in Grau und Gold" veranschaulicht genau, was ich meine — eine Schneelandschaft mit einer einzigen schwarzen Gestalt und einem erleuchteten Gasthof. Die Vergangenheit, Gegenwart und Zukunft der schwarzen

Gestalt, dorthin gemalt einfach weil Schwarz an diese Stelle gehörte, ist mir vollkommen gleichgültig. Ich weiß nur, daß Grau und Gold die Grundtöne meines Bildes sind. Und gerade das können meine Freunde nicht begreifen.

Sie sagen, "Warum nennen Sie es nicht 'Trotty Veck' und verkaufen es für eine runde Harmonie von Gold-Guineen?" — und gestehen damit naiverweise ein, daß ohne Namengebung kein Markt zu gewinnen ist.

Aber selbst vom Commerz-Standpunkt aus wäre dieses Ausstaffieren des eigenen Ladens mit den Waren anderer noch unanständig — allein die Gewohnheit hat es gebilligt. Nicht einmal die Beliebtheit von Dickens sollte herangezogen werden, um einer andersartigen Kunst belanglose Bedeutung zu verleihen. Ich hielte es für einen vulgären und buhlerischen Trick, die Leute mit Trotty Veck zu ködern, die, wenn ihnen Malerei überhaupt etwas bedeutete, auch wissen müßten, daß ein

Bild seinen eigenen Wert haben und nicht auf dramatische oder legendäre oder örtliche Interessen angewiesen sein soll.

Wie die Musik Poesie des Klanges ist, so die Malerei Poesie der Ansicht, und der Gegenstand hat mit der Harmonie von Klang und Farbe nichts zu tun.

Die großen Musiker wußten dies. Beethoven und die andern schrieben Musik — einfach Musik; eine Symphonie, ein Concerto oder eine Sonate in dieser oder jener Tonart.

Auf F oder G bauten sie himmlische Harmonien auf — als Harmonien — als Verbindungen, die sie aus F oder G oder deren verwandten Molltonarten entwickelten.

Das ist reine Musik im Gegensatz zu Liedern — die an und für sich unbedeutend und ordinär sind, aber durch ihre Assoziationen ansprechen können, wie etwa "Yankee Doodle Dandy" oder "Partant pour la Syrie".

Kunst sollte von aller Marktschreierei unabhängig sein — sollte allein stehen und sich ganz an den Kunstsinn von Auge und Ohr richten, ohne damit gänzlich fremdartige Emotionen, wie Andacht, Mitleid, Liebe, Patriotismus und dergleichen, zu vermengen. Die alle haben mit der Kunst nichts zu tun, und deswegen bestehe ich auf Titeln wie "Arrangements" oder "Harmonien".

Nehmt etwa das Bild meiner Mutter, das in der Royal Acadmy als ein "Arrangement in Grau und Schwarz" ausgestellt ist. Und genau das ist es. Mich berührt es als Bild meiner Mutter; doch was soll das Publikum die Identität des Porträts angehen?

Der Nachahmer ist ein armseliges Wesen. Wenn der Mann, der nur den Baum, die Blume oder sonst eine Oberfläche malt, die er vor sich sieht, ein Künstler wäre, dann wäre der König aller Künstler der Photograph. Der Künstler muß etwas darüber hinaus leisten: im Porträt etwas mehr zeigen als das Gesicht, das ein Modell an diesem Tag gerade aufgesetzt hatte; den Menschen malen, kurz gesagt, wie auch seine Gesichtszüge; in einem Arrangement von Farben die Blume als Schlüssel behandeln, als Tonart, nicht einfach als Modell.

Das wird heutzutage leidlich verstanden — wenigstens von den Kleidermachern. In jedem Kostüm wird auf einen Grundton von Farbe geachtet, der sich durch die Kombination hindurchzieht, wie der Gesang der Anabaptisten durch die *Prophète* oder die Hymne der Hugenotten in der gleichnamigen Oper.

Regeln der Kunst

EIN Bild ist dann vollendet, wenn die Spuren seiner Hervorbringung daraus verschwunden sind.

Wenn man von einem Bild, und erst noch zu seinem Lob, sagt, es zeige große und ernsthafte Mühe, sagt man damit, daß es nicht vollendet ist und nicht zur Ansicht taugt.

Fleiß in der Kunst ist eine Notwendigkeit — nicht eine Tugend — und jegliches Anzeichen davon ist im fertigen Werk ein Makel, nicht ein Vorzug; ein Beweis nicht von Errungenschaft, sondern von gänzlichem Ungenügen, denn Arbeit allein verwischt die Fußspuren von Arbeit.

Das Werk des Meisters dünstet nicht nach dem

Schweiß seines Angesichts — verrät keine Anstrengung — und ist von allem Anfang an vollendet.

Das Werk der bloßen Ausdauer und Mühe ist nie begonnen worden und wird in alle Ewigkeit unvollendet bleiben — ein Denkmal guter Absicht und Torheit.

"Da ist einer, der mühet sich, und plaget sich, und eilet hastig, und bleibt doch um so mehr zurück."

Das Meisterwerk sollte erscheinen wie eine Blume dem Maler — vollkommen in ihrer Knospe wie in der Blüte — ohne Begründung für ihr Dasein — ohne einen Auftrag zu erfüllen — eine Freude dem Künstler — eine Täuschung dem Philanthropen — ein Rätsel dem Botaniker — ein Zusammenfallen von Gefühl und Alliteration dem Literaten.

Eines Kritikers Analyse

IN der "Symphonie in Weiß No. III" von Mr. Whistler finden sich viele zierliche Variationen an Tönungen, doch ist sie nicht eigentlich eine Symphonie in Weiß. Da trägt eine Dame ein gelbliches Kleid und hat braunes Haar und ein wenig blaues Band, eine andere hat einen roten Fächer, und dann gibt es noch Blumen und grüne Blätter. Ein Mädchen in Weiß ist auf einem weißen Sofa, doch selbst dieses Mädchen hat rötliches Haar; und natürlich sind die Gesichter in Fleischfarben gehalten.

THE SATURDAY REVIEW
1. Juni 1867

Eines Kritikers Gedanken

WIE schön, daß solch gewichtiges Gewäsch so unweigerlich auch gedruckt wird! "Nicht eigentlich eine Symphonie in Weiß ... ein gelbliches Kleid ... braunes Haar, usw. ... ein anderes mit rötlichem Haar ... und natürlich sind die Gesichter in Fleischfarben gehalten."

Bon Dieu! hat diese weise Person vielleicht weißes Haar erwartet und Kreidegesichter? Und nimmt er denn auch an, mit seiner erstaunlichen Folgerichtigkeit, daß eine Symphonie in D-dur keine andere Note enthält, sondern nur beständige Wiederholungen von D,D,D ... Dummkopf!

CHELSEA
Juni 1867

MR. WHISTLERS
ZEHN-UHR-VORTRAG

MEINE DAMEN UND HERREN!

Nur mit bangem Zögern und vielen Bedenken trete ich hier vor Ihnen auf, in der Rolle des Predigers.

Falls zwischen Schüchternheit und der Tugend Bescheidenheit irgendeine Verwandtschaft besteht und in Ihren Augen Gunst finden kann, dann ersuche ich Sie, um dieser Tugend willen, mir äußerste Nachsicht zukommen zu lassen.

Ich würde meinen Mangel an Übung geltend machen, erschiene es mir nach aller Erfahrung nicht als widersinnig, im Zusammenhang mit meinem Thema etwas anderes als die durchschlagendste Unverschämtheit zu erwarten — denn ich will nicht verhehlen, daß ich über die Kunst zu sprechen gedenke. Ja, die Kunst, die neuerdings, soweit das Erörterungen und Studien nur zustandebringen, zum allgemeinen Gesprächsgegenstand an Teetischen geworden ist.

Die Kunst ist unter uns! — um vom eiligen Lebemann am Kinn gefaßt — um vom Gastgeber ins Haus gebeten — um in die Gesellschaft gelockt zu werden zum Vorzeigen von Bildung und feiner Gesinnung.

Wenn vertrauter Umgang Verachtung gebiert, dann ist die Kunst — und was man gemeinhin dafür hält — auf die niedrigste Stufe von Vertraulichkeit heruntergekommen.

Die Leute sind mit der Kunst in allen Formen belästigt worden und man hat ihnen um deren Fortbestehen willen mit den verschiedensten Methoden zugesetzt. Man hat ihnen beigebracht, wie sie die Kunst lieben und mit ihr leben sollen. Ihre Heime sind davon heimgesucht, ihre Wände damit bedeckt und selbst ihre Kleider davon nicht verschont worden — bis sie schließlich, aufgeschreckt, verwirrt und von Zweifeln und Unbehagen über sinnlose

Zumutungen geplagt, sich solcherlei Eingriffe verbeten und die falschen Propheten hinausgeworfen haben, die den Namen des Schönen in Verruf brachten und sich dem Gelächter preisgaben.

So ist denn, ach, meine Damen und Herren, die Kunst verleumdet worden. Sie hat mit derartigen Praktiken nichts gemein. Sie ist eine Göttin von erlesenen Gedanken, von zurückhaltendem Benehmen, jeder Aufdringlichkeit abhold, und ohne jeglichen Hang zur Besserung der anderen.

Selbstsüchtig, gibt sie sich allein mit ihrer eigenen Vervollkommnung ab — ohne das Verlangen, zu unterweisen — sie will nur in allen Umständen das Schöne suchen und finden, wie es ihr Priester Rembrandt getan hat, als er malerische Größe und edle Würde im Judenviertel von Amsterdam sah und nicht wehklagte, daß die Bewohner keine Griechen waren.

Gleichfalls wie Tintoretto und Paul Veronese, die sich nicht damit aufhielten, die brokatenen und seidenen Gewänder ihrer Venezianer in die klassischen Draperien der Griechen zu wandeln.

Gleichfalls wie Velasquez am Hofe Philipps, dessen Infantinnen in ihren unästhetischen Reifröcken an Rang den Elgin-Marbles gleichkommen.

Keine Erneuerer waren diese großen Künstler — keine Verbesserer der Lebensweise anderer! Ihre Schöpfungen allein waren ihre Beschäftigung, und erfüllt von der Poesie ihrer Erkenntnis, strebten sie nicht danach, ihre Umgebung zu ändern — denn als die Gesetze ihrer Kunst ihnen offenbart wurden, sahen sie in der Vervollkommnung ihres Werks jene wirkliche Schönheit, die ihnen so sehr Gewißheit und Triumph bedeutete wie dem Astronomen die Bestätigung eines jener Resultate, die nur seiner Vorhersicht vorbestimmt waren. Bei all dem war ihre Welt vollständig von der ihrer Mitmenschen getrennt, die Gefühligkeit gern für Poesie halten und für die es kein perfektes Werk gibt, das nicht durch den Nutzen gerechtfertigt wäre, den sie daraus ziehen.

Menschliche Anliegen treten an die Stelle der Kunst, und Gottes Schöpfungen werden durch ihre Nützlichkeit entschuldigt. Schönheit wird mit Tugend verwechselt, und vor dem Kunstwerk fragt man, "Wozu ist es gut?"

Daher rührt es, daß die Moralität einer Handlung im Leben rettungslos mit dem Wert eines Werks, das sie porträtiert, verquickt wird; und auf diese Weise haben sich die Leute daran gewöhnt, nicht *auf* ein Bild zu sehen, sondern *durch* es hindurch auf irgend einen menschlichen Tatbestand, der, gesellschaftlich gesehen, ihren geistigen oder moralischen Zustand veredelt. So können wir heute hören von einem Gemälde, das erhebt, oder der Pflicht, die der Maler hat — vom Bild voller Gedanken und vom Panel, das bloß ziert.

Ein Lieblingsglaube, allen Dozierenden willkommen, sagt aus, daß gewisse Zeitalter besonders künstlerisch und daß einzelne Nationen, leicht aufzuzählen, ausnehmend kunstliebend waren.

So hat man uns beigebracht, daß die Griechen als ein Volk das Schöne anbeteten und daß im 15. Jahrhundert die Kunst im Volk verwurzelt war.

Daß die großen Meister im Einvernehmen mit ihren Gönnern lebten — daß die frühen Italiener Künstler waren, allesamt — und daß ein allgemeines Verlangen nach dem schön Hergestellten dies alles bewirkte.

Daß wir Heutigen, in grobem Gegensatz zu solch arkadischer Reinheit, auf das Ungraziöse aus sind und das Häßliche zustandebringen.

Könnten wir doch nur unsere Gewohnheiten ändern und unser Klima — wollten wir nur in Hainen lustwandeln — könnten wir unsere Tücher ablegen — wären wir nur ohne Hast und reisten ohne Eile, dann würden wir uns wieder *sehnen* nach dem Löffel der Queen Anne und mit der zweigefingerten Gabel in unsern Erbsen stochern.

Und kleine Dörfer würden in Londons Vorstädten erblühen und das Dampfroß würde geächtet.

Aussichtslos! eitel und falsch sind solche Bestrebungen! — auf Legenden gebaut, und dies alles, weil "ein weiser Mann so aufgeblasene Worte reden und seinen Bauch so mit leeren Reden blähen" soll?

Hört hin! Ein künstlerisches Zeitalter hat es nie gegeben.

Es gab nie eine kunstliebende Nation.

Am Anfang zog der Mann einen jeden Tag hinaus — einige in die Schlacht, einige zur Jagd; andere wiederum, um die Erde umzugraben — so daß sie alle siegen und leben — oder aber verlieren und umkommen würden. Bis sich einer unter ihnen fand, verschieden von den andern, den deren Ziele nicht lockten, und er blieb bei den Zelten mit den Frauen und zog mit einem verkohlten Stecken eigenartige Linien auf einen Kürbis.

Dieser Mensch, der sich am Tun seiner Brüder nicht erfreuen konnte — für den Eroberungen und

Ackerarbeit lästig waren — dieser Entwerfer sonderbarer Zeichnungen — dieser Ersinner des Schönen, der in der Natur um sich seltsame Kurven wahrnahm, wie im Feuer gesehene Gesichter — dieser abseitige Träumer war der erste Künstler.

Und als aus den Feldern und von weither die Männer zurückkehrten, da nahmen sie den Kürbis und — tranken daraus.

Und alsbald gesellte sich zu diesem Mann ein anderer — und allmählich noch weitere — vom selben Wesen, auserwählt von den Göttern — und so arbeiteten sie zusammen; und bald bildeten sie aus der angefeuchteten Erde Formen, die dem Kürbis ähnlich waren. Und mit der schöpferischen Macht, dem Erbteil des Künstlers, gingen sie bald über die schlampigen Vorschläge der Natur hinaus, und die erste Vase, schön und ebenmäßig, ward geboren.

Und die Rackerer ackerten und begannen zu dürsten; und die Helden kehrten zurück von ihren Siegen, um zu jubeln und zu zechen; und sie tranken alle gleicherweise aus den Gefäßen der Künstler, den schön gefertigten, und sie nahmen nichts wahr von des Schöpfers Stolz und ahnten nichts von seiner Genugtuung; sie tranken aus dem Becher, nicht aus Wahl oder einem Bewußtsein seiner Schönheit, sondern weil es sonst keinen gab!

Und mit der Zeit, und größeren Aufwendungen, breitete sich mehr Luxus aus, und es stand wohl an, daß die Menschen in geräumigen Häusern wohnen, auf Liegestätten ausruhen und an Tischen essen sollten; woraufhin der Künstler, mit seinen Handwerkern, Paläste erbaute und sie mit Hausrat ausstattete, schön in den Proportionen und anmutig anzuschauen.

Und die Menschen lebten in Wunderwerken der Kunst — und aßen und tranken aus Meisterwerken — denn anderes, woraus sie hätten essen und trinken können, war nicht vorhanden, und auch keine häßlichen Häuser, um darin zu wohnen; kein Gegenstand des täglichen Lebens, ob zum

Gebrauch bestimmt oder zum Luxus, der nicht vom Meister entworfen und seinen Gehilfen gefertigt worden wäre.

Und die Leute fragten nichts, *und sie hatten dazu nichts zu sagen.*

So war Griechenland zu seiner Glanzzeit, und die Kunst war oberste Herrscherin — der Umstände, nicht eines Vorzugs wegen — und Außenstehende mischten sich nicht ein. Der mächtige Krieger hätte sich nicht unterfangen, einen Entwurf für Pallas Athenes Tempel vorzulegen, so wenig wie der heilige Dichter einen Plan zur Konstruktion eines Katapults eingereicht hätte.

Und der Amateur war unbekannt — von einem Dilettanten hatte man noch nie etwas gehört!

Und die Geschichte schrieb weiter, und Eroberungen begleiteten die Zivilisation, und die Kunst breitete sich aus, oder besser gesagt, ihre Erzeugnisse wurden von den Siegern zu den Besiegten, von einem Land zum andern getragen. Und die

Gebräuche der Zivilisation bedeckten das Antlitz der Erde, so daß alle Völker weiterhin gebrauchten, *was allein der Künstler hervorgebracht hatte.*

Und Jahrhunderte solcherlei Benützung vergingen, und die Welt war überflutet von allem Schönen, bis eine neue Klasse erwuchs, die das Billige entdeckte und Glück und Vermögen voraussah in der Fabrikation des Unechten.

Da wurden der Flitter, der Schund, das Ordinäre, der Kram in die Welt gesetzt.

Der Geschmack des Krämers verdrängte die Einsicht des Künstlers, und was aus Millionen geboren wurde, ging wieder zu ihnen zurück und bezauberte sie, denn es war ganz nach ihrem Herzen; und die Großen und die Kleinen, die Staatsmänner und die Sklaven, sie alle bemächtigten sich der Greuel, die ihnen dargereicht wurden, und bevorzugten sie, — und sie haben damit seither gelebt.

Und des Künstlers Beschäftigung war dahin, und an seine Stelle traten der Fabrikant und der Krämer.

Und nun gossen die Helden aus den Krügen und tranken aus den Schalen — diesmal mit Wissen — sie bemerkten den Glanz ihrer neuen Kühnheit und waren stolz auf ihren Wert.

Und diesmal hatten die Leute viel zu sagen — und alle waren es zufrieden. Und Birmingham und Manchester entstanden in ihrer Macht — und die Kunst wurde in den Kuriositätenladen verwiesen.

Die Natur enthält an Farben und Formen die Elemente aller Bilder, so wie die Tastatur alle Noten der Musik enthält.

Doch der Künstler ist dazu geboren, diese Elemente auszuwählen und mit Einsicht zusammenzustellen, damit Schönes entsteht — so wie der Musiker seine Noten ausrichtet und seine Akkorde formt, bis er aus dem Chaos strahlende Harmonie erzeugt.

Den Maler anweisen, die Natur so zu nehmen, wie sie ist, heißt den Musiker anweisen, sich auf die Tasten des Klaviers zu setzen.

Daß die Natur immer richtig sei, diese Behauptung ist künstlerisch so unwahr, wie man ihre Wahrheit für allgemein bewiesen hält. Die Natur ist nur selten richtig, so sehr sogar, daß man beinahe sagen könnte, die Natur ist meist unrichtig; das heißt, daß die Bedingungen für die harmonische Vollkommenheit, die eines Gemäldes würdig wäre, nur selten zusammentreffen und durchaus nicht üblich sind.

Das scheint sich wohl, auch für die Gescheitesten, fast wie Blasphemie anzuhören. So sehr ist der vermeintliche Aphorismus unserer Bildung einverleibt worden, daß Glaube daran als Bestandteil unseres ethischen Wesens angesehen wird und die Worte selber in unseren Ohren den Klang einer Religion haben. Gleichwohl bringt die Natur nur selten ein gelungenes Gemälde zustande.

Die Sonne glüht, der Wind bläst aus dem Osten, der Himmel ist wolkenlos, und draußen ist alles wie aus Eisen. Die Fenster des Crystal Palace sind von allen Punkten Londons aus sichtbar. Der Ausflügler genießt den herrlichen Tag in vollen Zügen, und der Maler wendet sich ab und schließt die Augen.

Wie wenig das begriffen wird und wie pflichtschuldig wir noch das Beiläufige in der Natur für erhaben ansehen, läßt sich an der grenzenlosen Bewunderung ablesen, die durch einen albernen Sonnenuntergang erweckt wird.

Die Würde eines schneebedeckten Berges geht durch Deutlichkeit verloren, doch die Wonne des Touristen ist es, den Bergsteiger auf dem Gipfel erkennen zu können. Der Wunsch zu sehen, nur um zu sehen, ist der einzige, den sich die Massen erfüllen, und daher ihr Ergötzen am Detail.

Und wenn die abendlichen Nebel die Themseufer mit Poesie umhüllen, wie mit einem Schleier, und die dürftigen Gebäude sich im trüben Himmel verlieren und die ragenden Schornsteine zu Campanili werden und die Lagerschuppen zu nächtlichen Palästen und die ganze Stadt am Himmel hängt, und ein Märchenland vor uns liegt — dann hastet der Wanderer heim, der Arbeiter und der Gebildete, der Weise und der Vergnügungssüchtige hören auf zu verstehen, wie sie zu sehen aufgehört haben, und die Natur, deren Melodie dieses eine einzige Mal jetzt stimmt, singt ihr exquisites Lied dem Künstler allein, ihrem Sohn und ihrem Meister — Sohn, da er sie liebt, Meister, da er sie erkennt.

Ihm werden ihre Geheimnisse entfaltet, ihm sind ihre Lehren allmählich aufgegangen. Er schaut ihre Blume nicht mit dem Vergrößerungsglas an, um den Botaniker mit Angaben zu versehen, sondern mit dem Licht dessen, der in ihrer erlesenen Wahl von leuchtenden Tönen und feinen Schattierungen Anregungen für künftige Harmonien sieht.

Er beschränkt sich nicht auf das sinnlose, gedankenlose Kopieren jedes Grashalms, wie es die Unverständigen empfehlen, sondern er nimmt auf, wie im länglichen Bogen des schlanken Blatts, von dem sich der gerade hohe Stiel abhebt, die Anmut mit Würde vermählt ist, wie Stärke die Zartheit zur Geltung bringt und wie Grazie daraus entsteht.

Im zitronengelben Flügel des blassen Schmetterlings mit den Orange-Tupfen sieht er stattliche Hallen von hellem Gold, mit schlanken, saffrangelben Säulen, und er lernt, wie die feinen Muster hoch oben an den Wänden in zarten Abstufungen von Rauschgelb gezogen werden und weiter unten in kräftigeren Nuancen wieder aufgenommen werden müssen.

In allem Köstlichen und Liebenswerten findet er Anstöße für seine Kompositionen, und so ist die Natur stets seine Quelle und immer zu seinen Diensten, und nichts bleibt ihm verwehrt.

Durch sein Gehirn wird, wie durch den letzten Alembik, die verfeinerte Essenz jenes Gedankens destilliert, der von den Göttern ausgegangen ist und den sie ihn auszuführen bestimmt haben.

Durch sie abgeschieden, um ihre Werke zu vollenden, schafft er jenes wundervolle Ding, das

Meisterwerk genannt wird, das an Vollkommenheit alles übertrifft, was sie geschaffen haben in der so genannten Natur; und die Götter stehen daneben voller Bewunderung und erkennen, wie viel schöner die Venus von Milo ist als ihre eigene Eva.

Seit einiger Zeit schon ist der nicht zugehörige Schriftsteller zum Vermittler in Kunstangelegenheiten geworden, und sein Einfluß, der schon die Kluft zwischen dem Volk und dem Maler verbreiterte, hat das vollständigste Mißverständnis über den Sinn des Gemäldes hervorgebracht.

Für ihn ist ein Bild mehr oder weniger eine Hieroglyphe oder das Symbol einer Erzählung. Von ein paar fachlichen Ausdrücken abgesehen, die er bei gesuchter Gelegenheit zur Schau stellt, betrachtet er das Werk ganz unter literarischen Gesichtspunkten — unter welchen anderen sollte er es auch betrachten? Und so verfährt er damit wie mit einem Roman — etwas Geschichtlichem —

oder einer Anekdote. Dessen Vorzüge, oder Makel — die künstlerischen — entgehen ihm vollständig und natürlicherweise — und so würdigt er die Kunst herab zur vermeintlichen Methode, literarische Höhepunkte zu erzeugen.

So wird sie in seinen Händen zu einem bloßen Mittel für etwas Sonstiges, und ihr ureigener Auftrag wird zu etwas Zweitrangigem, wie eben das Mittel dem Zweck untergeordnet ist.

Was an Gedanklichem hervortritt, edel oder nicht, wird unfehlbar dem Dargestellten zugeschrieben und nimmt sich dann mehr oder weniger edel aus, je nach der Fertigkeit oder dem Geist des Schriftstellers, der indessen voller Verachtung auf die "bloße Ausführung" herabsieht — eine Angelegenheit, wie er vermutet, der Ausbildung und der Lohn des Fleißes. Und wie er das Werk so von der Leinwand auf das Papier übersetzt, wird es zu seinem eigenen. Die poetische Stimmung findet er dort, wo er sie in seiner Schilderung des Ereignisses spüren würde, Erfindungsgabe in den Verwicklungen der *mise en scène* und edle Weltanschauung in einem kleinen Zug von Menschenliebe, Mut, Bescheidenheit oder Tugend, je nach der Natur des Dargestellten.

All dies könnte auch durch ein recht mäßiges Bild in ihm heraufbeschworen — seine Phantasie dermaßen angeregt werden — was denn auch, wie man getrost sagen kann, die Regel ist.

Bei alledem bleibt ihm des Malers Poesie durchaus unzugänglich — ihm geht Verständnis ab für jene erstaunlichen Einfälle, die Farbe und Form in so vollkommene Harmonie bringen, daß auserlesene Schönheit daraus entsteht — die gedankliche Vornehmheit, die des Künstlers Würde auf das Ganze übertragen hat, sagt ihm rein gar nichts.

So schreibt er uns in seinen gedruckten Lobgesängen Tugenden zu, die zu haben uns erröten ließe — während die Vorzüge, die das eine Werk vor tausenden auszeichnen, die das Meisterwerk zu jenem Ding von Schönheit machen, gar nicht wahrgenommen werden.

Davon können wir uns vergewissern, wenn wir alte Kritiken vergangener Ausstellungen durchstöbern und die Schmeicheleien lesen, mit denen seither längst vergessene Leute bedacht wurden, auf deren Werke Rhapsodien verfaßt wurden, ohne daß etwas für die Museen davon geblieben wäre.

Eine seltsame Angelegenheit ist das übernommene Vokabular des Poetischen Symbolismus, wie es sich auf das Urteil dieser Herren auswirkt und das ihnen zum gewohnten Umgang mit der Natur verhilft: ein Berg ist gleichbedeutend mit Höhe — ein See mit Tiefe — der Ozean mit Unermeßlichkeit — die Sonne mit Strahlenpracht.

So daß ein Bild mit Berg, See und Meer — wie armselig gemalt es auch sein mag — unfehlbar "hocherhaben", "unermeßlich", "unendlich" und "strahlend" zu Papier kommt.

Und da sind noch jene, finster von Miene, weis mit der Weisheit der Bücher, die Museen aufsuchen, sich in Krypten begeben; sie tragen zusammen — vergleichen — kompilieren — klassifizieren — disputieren.

Lauter Sachverständige — denen ein Datum eine Errungenschaft — ein Echtheitsstempel Erfolg bedeutet.

Sorgfältig ihre Untersuchungen, gewissenhaft ihre Urteile — sie errichten, gebührend gewichtig, unwesentliche Reputationen — bestimmen ein Gemälde anhand des Flecks auf seiner Rückseite — begutachten den Torso nach dem fehlenden Bein — füllen Folianten mit Zweifeln über die Beschaffenheit dieses Gliedes — sie sind streitsüchtig und rechthaberisch hinsichtlich des Geburtsorts minderwertiger Leute — sie handeln umfassend die große Bedeutung der schlechten Werke ab.

Wahre Beamte der Kunstsammlung, vermengen sie Aktenvermerke mit Ehrgeiz und schneiden die

Kunst auf Statistiken zurecht, sie “ordnen” das fünfzehnte Jahrhundert “ein” und “klassifizieren” die Antike.

Dann der ins Amt gesetzte Prediger!

Er steht an hohen Stellen — er weist zurecht und trägt vor.

Weiser der Lehrstätten — gelehrt in vielen Fächern, erfahren in allem außer seinem Gegenstand.

Ermahnend — abkanzelnd — richtungweisend.

Erfüllt von Empörung und Ernsthaftigkeit.

Mit der Macht der Überzeugung und dem Schliff der Sprache, um — nichts zu beweisen.

Mitgenommen von vielem Dozieren — hat er nichts mitzuteilen.

Eindrücklich — bedeutsam — seicht.

Mit großem Stimm- und Kraftaufwand — dieweil die Götter gar nicht hinhören.

Biederer Philisterpriester, wedelt er gefällig von allen Standpunkten aus, und durch manche Bände hindurch, unter Umgehung wissenschaftlicher Behauptung — "faselt er von grünen Feldern".

So ist Kunst törichterweise mit Bildung verwechselt worden — alle sollen gleicherweise dazu befähigt sein.

Wie nun Schliff, Verfeinerung, Pflege und Zucht künstlerische Ergebnisse keineswegs gewährleisten, ist auch nichts Anrüchiges daran, wenn der gebildetste Gelehrte oder der größte Gentleman im Lande für Malerei kein Auge und für die Musik kein Ohr hat — wenn er in seinem Innern den Massendruck dem Strich von Rembrandt vorzieht, oder die Varietélieder den Beethovenschen Symphonien.

Nur soll er gewitzt genug sein, dies auch zu sagen und im Eingeständnis nicht einen Beweis von Minderwertigkeit zu sehen.

Die Kunst geschieht einfach — keine Hütte ist dagegen gefeit, kein Fürst kann sie anordnen, die umfassendste Intelligenz kann sie nicht hervorbringen, und kleinliche Bemühungen, sie universell zu machen, laufen in niedliche Komödien aus und ungeschlachte Farce.

So sollte es auch sein — alle anderweitigen Versuche beruhen auf der Beredsamkeit der Unwissenden und dem Eifer der Eingebildeten.

Die Grenzen sind klar gezogen. Fern liegt es mir, eine Brücke vorzuschlagen — damit das belästigte Volk hinüberzuschieben sei. Nein! Ich möchte ihnen weitere Mühsal ersparen. Ich möchte ihnen Erleichterung bringen und von ihren Schultern den Alpdruck Kunst entfernen.

Warum sollte ihnen, da sie jahrhundertelang davon frei waren, jetzt die Kunst von den Blinden aufgebürdet werden — bis sie, ermattet und verwirrt, nicht mehr wissen, wie sie essen und trinken sollen — sitzen oder stehen — womit sie sich kleiden sollen — ohne die Kunst zu bemühen?

Doch hört! Da draußen gibt es viel Gerede!

Ein Triumphgeschrei erhebt sich: "Habt acht! Die Sache geht uns doch etwas an. Wir haben unseren Anteil an aller wahren Kunst! — denn, erinnert euch: 'ein Zug Natur macht alle Welt verwandt!'"

Allerdings. Doch der Unbedachte sollte nicht frohgemut glauben, Shakespeare habe ihm hiermit den Passport zum Paradies ausgestellt und ihm Mitspracherecht unter den Auserwählten gewährt. Vernehmt vielmehr, daß ihr durch diesen Ausspruch zum Draußenbleiben verdammt seid — zum Fortbestand in der Allgemeinheit.

Diese eine Saite, die in allen mitschwingt — dieser "eine Zug der Natur", der alle anspricht — der die Beliebtheit des "Bull" von Paul Potter erklärt — der den Preis von Murillos "Empfängnis" rechtfertigt — dieses eine unausgesprochene Allgemeingefühl, das die Menschheit durchdringt, ist — die Vulgarität.

Vulgarität — unter deren faszinierendem Einfluß "die vielen" "die wenigen" mit Ellbogen verdrängt haben und die zarten Zirkel der Kunst angefüllt sind von einer berauschten Menge der Mittelmäßigkeit, deren Führer belehren und beraten, mit lauter Stimme, dort wo einst die Götter nur flüsterten.

Und aus ihrer Mitte stelzt nur der Dilettant hervor. Der Amateur ist von der Leine. Die Stimme des Ästheten läßt sich hören in unserm Lande, und die Katastrophe steht uns bevor.

Der Eindringling reizt die Rache der Götter, und Lächerlichkeit bedroht des Landes schöne Töchter.

Und da sind noch die sonderbaren Bekehrten zu einem grausen *culte*, worin jeder Instinkt für das Anziehende — alle Frische und alles Funkelnde — der ganze weibliche Liebreiz — einer merkwürdigen Berufung für das Unschöne zu weichen hat — und diese Entweihung im Namen der Grazien!

Soll diese elende, unbehagliche, verschämte Mischung von *mauvaise honte* und verzweifelter Behauptung sich künstlerisch nennen und Verwandtschaft mit dem Künstler fordern — der sich an der zierlichen, scharfen, heiteren Fröhlichkeit der Schönheit erfreut?

Nein! — ein tausendmal! Hier besteht keine Verwandtschaft.

Wir wollen nichts mit ihnen zu schaffen haben.

Zu Ernsthaftigkeit gezwungen, um Leere zu verbergen, getrauen sie sich nicht zu lächeln.

Während der Künstler in der Fülles seines Herzens und Geistes froh ist und laut lacht und glücklich ist in seiner Kraft und sich ergötzt ob der pompösen Anmaßungen — der feierlichen Dumpfheit, die ihn umgibt.

Denn Kunst und Freude gehen zusammen, in kühner Offenheit, erhobenen Haupts, zum Zupacken bereit — mit Furcht vor nichts und keiner Angst vor Entblößung.

Wißt denn, schöne Frauen, daß wir mit euch sind. Achtet nicht — wir bitten euch — auf das Geschrei der Reizlosen — auf diesen letzten Appell an das Häßliche.

Er berührt euch nicht.

Euer eigener Instinkt ist der Wahrheit nahe — euer eigener Sinn führt euch sicherer als die ungewitzten Anstrengungen dickhackiger Apollos.

Was! ihr wollt auf und dem erstbesten Rattenfänger folgen, der euch, an einem Sabbath, die Petticoat Lane hinunterführt, um dort aus den matten Lumpen etwas zum Anziehen auszusuchen für die kommende Woche? so daß wir Mühe haben, in klobiger Verkleidung eure anmutsvollen Wesen zu finden? O Schande! Ist die Welt denn erschöpft? und müssen wir zurückgehen, weil des Marktschreiers Daumen in die andere Richtung zeigt?

Kostüm ist nicht Kleid.

Und die Träger von Garderoben sollen nicht den Geschmack verordnen.

Denn auf Grund welcher Autorität sollen sie uns lehrmeistern? Seht genau hin, und keine ihrer Erfindungen — nichts, was sie erfunden, nichts, was sie zusammengestellt haben — kommt der Anmut zugute.

Aufs Geratewohl hängen die Gewänder des Trödlers von ihren Schultern — sie verbinden auf ihrer Person das Narrenkleid mancher Moden mit einem Sammelsurium aus der Komödiantentruhe.

Als Warnzeichen aufgestellt und Mahnmal vor Gefahren, weisen sie auf die verheerende Wirkung der Kunst auf die Mittelklassen.

Warum wird mit so hochgezogenen Augenbrauen die Gegenwart verachtet — und mit soviel Pathos die Vergangenheit verehrt?

Wenn Kunst heute selten ist, war sie vormals nicht häufig.

Sie ist falsch, diese Lehre vom Verfall.

Der Meister steht in keiner Beziehung zum Zeitpunkt, in dem er auftritt — ein Augenblick der Isolation — eine Andeutung von Traurigkeit — ohne Anteil am Fortschritt seiner Mitmenschen.

Auch ist er so wenig ein Produkt der Zivilisation, wie eine wissenschaftliche Wahrheit von der Weisheit eines Zeitalters abhängt. Es braucht einen *Menschen*, um eine Wahrheit auszusagen. Die Wahrheit selber war von Anfang an da.

So ist die Kunst auf die Unendlichkeit beschränkt, von dort ausgehend, kann sie nicht fortschreiten.

Ihre mutwillige Unabhängigkeit von allem äußerlichen Fortschritt zeigt sich am absolut unveränderten Zustand und der Form ihrer Werkzeuge von den ersten Anfängen an.

Der Maler hat noch immer den gleichen Stift — der Bildhauer den Meissel seit Jahrhunderten.

Der Farben sind nicht mehr als damals, da erstmals die Gehänge der Nacht beiseitegezogen und die Lieblichkeit des Lichts offenbart wurden.

Weder der Chemiker noch der Ingenieur kann für das Meisterwerk neue Elemente bereitstellen.

Falsch auch wiederum jene gefabelte Verbindung zwischen der Großartigkeit der Kunst und der Glorie und Tugend eines Staats, denn die Kunst nährt sich nicht von Nationen, und Völker können vom Antlitz der Erde hinweggefegt werden: die Kunst aber *ist.*

Es ist denn auch höchste Zeit, den müßigen Ballast von Verantwortung und Zusammengehörigkeit abzuwerfen und uns klar zu werden, daß unsere Tugenden ihrem Wert in keiner Weise zugutekommen und unsere Laster in keiner Weise ihren Triumph behindern.

Wie leidig! wie hoffnungslos! wie übermenschlich diese selbstauferlegte Aufgabe der Nation! Wie erhaben eitel der Glaube, daß die Nation leben oder die Kunst zugrundegehen muß.

Laßt uns dessen vergewissern, über unsere Tugend können wir bestimmen. Die Kunst bleibt davon unberührt.

Eine launische Gottheit, und kapriziös; ihr starker Sinn für Wonne duldet nichts Langweiliges; und mag unser Leben noch so makellos verlaufen, sie mag uns gleichwohl den Rücken zuwenden.

Wie sie es, seit undenklichen Zeiten, den Schweizern in ihren Bergen angetan hat.

Wo gäbe es ein ehrenwerteres Volk? Aus jedem Alpenabgrund gähnen Traditionen, quellen Heldentaten; doch die Abartige und Schnippische will davon nichts wissen, und die Söhne der Patrioten sind bei dem Räderwerk verblieben, das die Mühle antreibt, und dem jähen Kuckuck, der in seinem Gehäuse nicht mehr zu halten ist!

Dafür war Tell ein Held! Dafür mußte Gessler sterben!

Die Kunst, die grausame Widerspenstige, schert sich nicht darum, bleibt hartherzig und macht sich auf gen Osten, um dort, unter den Opiumessern von Nankin, einen Günstling zu finden, bei dem sie zärtlich verweilt — sie liebkost sein blaues Porzellan und bemalt seine züchtigen Mädchen und versieht seine Teller mit ihren sechs Gütezeichen — als seine Gefährtin bleibt sie gleichgültig allem gegenüber außer der Tugend seines Gespürs.

Er ist es, der sie ruft — er, der sie hält!

Und dann wieder in den Westen, auf daß der nächste Liebhaber das Museum in Madrid zusammenträgt und der Welt zeigt, wie hoch der Meister über alle hinausragt; und in ihrer Innigkeit schwelgen sie beide, er und sie, in dieser Erkenntnis; und er weiß von einem Glück, das kein anderer Sterblicher gekostet.

Sie ist stolz auf ihren Genossen und verspricht, daß inskünftig andere diesen Weg gehen werden und verstehen werden.

So hält diese Erhabene zu allen Zeiten Ausschau

nach einem ihrer Liebe würdigen Mann — und die Kunst sucht den Künstler allein.

Wo er ist, dort tritt sie auf und verbleibt mit ihm — liebend und fruchtbar — und wendet sich nie von ihm ab in darniederliegender Hoffnung — bei Beschuldigungen — bei liederlichen Mißverständnissen; und wenn er stirbt, flieht sie in Trauer, zwar noch im Land verweilend auf Grund trauter Erinnerungen, doch Trost verschmähend.*

Mit dem einen, und nicht mit der Menge, wird sie intim; und im Buch ihres Lebens sind nur wenige Namen eingeschrieben — spärlich ist die Liste jener, die die Geschichte ihrer Liebe und ihrer Schönheit verfaßt haben.

Von dem sonnigen Morgen an, da sie ihrem glorreichen Griechen das Geheimnis der wieder-

* Und daher haben wir den flüchtigen Einfluß der Erinnerung des Meisters — ein Nachglühen, das eine Weile noch Gesellen und Jünger erwärmt.

holten Linie preisgab, als sie beide, Hand in Hand, in Marmor den gemessenen Reim von Gliedern und die fließenden Gewänder markierten, bis zum Tage, da sie des Spaniers Pinsel in Licht und Luft tauchte und seine Gestalten innerhalb ihrer Rahmen zum Leben brachte und *auf ihren Füßen stehen ließ*, damit alles Edle und Süße, Zärtliches und Großartiges ihnen rechtmäßig zustehe, waren Zeitalter vergangen und wenige waren von ihr auserwählt worden.

Zahllos hingegen die Horde von Prätendenten! Doch sie kannte sie nicht.

Eine wimmelnde, brodelnde, geschäftige Menge, deren Tugend ihr Fleiß ist und deren Fleiß ihr Laster!

Ihre Namen nun füllen die Kataloge der einheimischen Sammlungen und die ausländischen Galerien, zur Ergötzung des Handlungsreisenden und des Kritikers.

Deshalb haben wir allen Grund, fröhlich zu sein — und alle Sorgen von uns zu werfen — entschlossen, daß alles zum besten steht — wie es immer schon war — so daß es nicht angebracht ist, uns vorzujammern und nach Maßnahmen zu schreien.

Langweiliges haben wir genug schon ausgehalten! Bestimmt sind wir des Weinens überdrüssig, und unsere Tränen sind uns fälschlicherweise entlockt worden, denn man hat wehgeklagt, wo kein Kummer war — und wo doch alles gut ist!

Wir brauchen nur zu warten, bis — mit dem Merkmal der Götter gezeichnet — der Auserwählte wieder unter uns tritt — der das Vorangegangene weiterführen wird. Wir sind zufrieden, daß — selbst wenn er nie erscheinen sollte — die Geschichte des Schönen bereits vollständig ist — gemeißelt in den Marmor des Parthenon — mit Vögeln gestickt auf den Fächer des Hokusai — am Fuße des Fujiyama.

OSCAR WILDE

Künstler, wie Götter,
sollten von ihrem Sockel
nie hinuntersteigen

Mr. Whistlers Zehn-Uhr-Vortrag

GESTERN abend trat Mr. Whistler in der Prince's Hall erstmals mit einem Vortrag über die Kunst an die Öffentlichkeit und sprach über eine Stunde lang mit wirklich wundervoller Beredsamkeit über die gänzliche Nutzlosigkeit derartiger Vorträge. Mr. Whistler hob an mit einer sehr hübschen *aria* über die vorgeschichtliche Zeit, mit einer Schilderung, wie ganz früher einmal der Jäger und der Krieger auszogen, um zu jagen und einzufallen, während der Künstler zuhause saß und zu ihren Diensten Becher und Schale anfertigte. Rohe Nachbildungen der Natur waren dies zunächst, wie die Kürbisflasche, bis sich der Schönheits- und Formensinn entwickelte und die erste Vase in ihren exquisiten Proportionen gestaltet wurde. Dann folgte eine höhere Zivilisation mit Architektur und mit Lehnstühlen; die Gebrauchsgegenstände des Lebens, exquisit entworfen und zierlich gemustert, wurden lieblich geschaffen; und der Jäger und der Krieger lagen auf dem Ruhebett, wenn sie müde, und tranken aus der Schale, wenn sie durstig waren, und scherten sich nicht um das herrliche Ebenmaß des einen noch um das bezaubernde Ornament der andern; und diese Haltung des schlichten anthropophagen Philisters bildete das Thema des Vortrags, eine Haltung der Kunst gegenüber, die Mr. Whistler auch seine Zuhörer einzunehmen ersuchte. Wohl eingedenk zahlreicher entzückender Einladungen zu privaten Besichtigungen, schien die elegante Versammlung doch etwas vor den Kopf gestoßen und nicht wenig amüsiert, als sie vernahm, das geringste Zeichen jeglicher Freude am Schönen bei einem zivilisierten Volk käme einer groben Brüskierung aller Maler gleich; doch Mr. Whistler blieb unerbittlich und legte mit charmanter Gelassenheit und behender Anmut dar, das einzige, was sie kultivieren solle, sei die Häßlichkeit, und auf ihrem eigenen fortdauernden Stumpfsinn beruhe alle künftige Hoffnung der Kunst.

Die Szene hatte ihren mannigfaltigen Reiz; da stand er, ein Miniatur-Mephistopheles, der die Majorität verhöhnte! und ragte wie ein illustrer Chirurg beim Vortrag in einem Auditorium bestehend aus lauter zum Sezieren vorbestimmten Subjekten, denen feierlich zugesichert wird, wie wertvoll für die Wissenschaft ihre Krankheiten waren und wie ungemein belanglos auch das mindeste Symptom ihrer Gesundheit sein würde. Gerechterweise muß ich sagen, daß die Zuhörer von erheblicher Genugtuung erfüllt schienen, die gräßliche Verantwortung des Bewundernmüssens endlich los zu sein, und nichts hätte ihre Begeisterung übertreffen können, als ihnen Mr. Whistler mitteilte, daß, gleichgültig wie ordinär auch immer ihre Kleidung wäre, und wie abscheulich ihre häuslichen Einrichtungen, möglicherweise ein großer

Maler, falls es so etwas geben sollte, sie doch unter wirklich pittoresken Umständen, bei Zwielicht und mit halbgeschlossenen Augen, in den Blick fassen und ein Gemälde hervorbringen könnte, das sie nicht zu begreifen suchen oder zu genießen sich unterfangen sollten. Dann wurden ein paar Pfeile, brillant und widerhakig, flink und wie Feuerwerk, auf die Archäologen losgelassen, die ihr Leben mit dem Nachweis der Geburtsorte von Stümpern zubringen oder den Wert eines Kunststücks nach seinem Datum oder Verfall bestimmen; auf Kunstkritiker, die ein Bild immer so behandeln, als wär's ein Roman, und seine Geschichte herauslösen wollen; dann auf Dilettanten im allgemeinen und Amateure im besonderen, und *(O mea culpa!)* auf Kleidungsreformer am allermeisten. "Hat nicht Velasquez Krinolinen gemalt? Was wollt ihr noch mehr?"

Nachdem Mr. Whistler auf diese Weise mit der Menschheit ins Gericht gegangen war, wandte er sich der Natur zu und bezichtigte sie in kurzen Zügen des Crystal Palace, der Bankfeiertage und einer generellen Überladenheit im Detail in Omnibussen wie auch in Landschaften; um dann in einem Höhenflug von einzigartiger Schönheit, und nicht unähnlich einem von Corots Briefen, auf den künstlerischen Wert verschwimmender Dämmerungen zu sprechen zu kommen, dann, wenn sich die gemeinen Lebensumstände in exquisiten dahinschwindenden Wirkungen verlieren und Alltägliches von Geheimnis berührt und von Schönheit verklärt wird, wenn die Lagerhäuser wie Paläste erscheinen und die hohen Fabrikschlote wie Campaniles in die silberne Luft ragen.

Nachdem sich Mr. Whistler noch eindrücklich dagegen gewehrt hatte, daß irgend jemand anderer als ein Maler die Malerei beurteilt, und nach einem Anruf an das Publikum, sich ja nicht von der ästhetischen Bewegung zum Erwerb schöner Gegenstände verführen zu lassen, schloß er seine

Ansprache mit einem hübschen Hinweis auf den auf einem Fächer dargestellten Fujiyama ab und verneigte sich vor einem Publikum, das er mit seinem Witz, seinen glitzernden Paradoxen und zuweilen mit seiner echten Beredsamkeit im Bann zu halten vermocht hatte. Natürlich weicht meine Meinung vom Wert schöner Lebenseinrichtungen vollständig von der Mr. Whistlers ab. Der Künstler ist keine isolierte Erscheinung; er geht aus einem bestimmten Milieu und einer bestimmten Umgebung hervor und kann ebensowenig einem Volk, dem Schönheitssinn abgeht, entspringen wie ein Feigenbaum einem Dorn, oder eine Rose einer Distel. Daß ein Künstler Schönheit in Häßlichkeit, *le beau dans l'horrible*, finden soll, ist nun ein Gemeinplatz von Schulen, zum Argot von Ateliers, geworden, doch ich bestreite heftig, daß sich charmante Leute mit magentaroten Ottomanen und Albertblauen Vorhängen umgeben sollen, damit ein Maler dereinst einmal da ein Seitenlicht und dort eine Schattierung zu würdigen vermag. Auch kann ich seiner Weisung nicht beipflichten, daß nur der Maler Gemälde beurteilen darf. Ich finde, daß nur ein Künstler Kunst beurteilen darf; und dazwischen liegt ein weiter Unterschied. Solange ein Maler nur Maler ist, sollte er seine Aussagen auf Firnis und Farbstoffe beschränken und zu anderen Themen schweigen; nur wenn er zum Künstler wird, sind ihm die geheimen Gesetze künstlerischer Schöpfung offenbart. Denn es sind der Künste nicht viele, sondern nur eine; Gedicht, Gemälde, das Parthenon, Sonett und Statue — alle sind in ihrem Wesen gleich, und wer eines davon begreift, begreift sie alle. Der Dichter aber ist der Künstler schlechthin, denn er ist Meister über Farbe und Gestalt, und der eigentliche Musiker dazu, und er ist Herr über alles Leben und alle Künste; und so sind dem Dichter vor allen anderen die Mysterien enthüllt, einem Edgar Allan Poe und einem Baudelaire, nicht einem Benjamin West oder Paul Delaroche.

Allerdings würde ich an niemands Vortrag Gefallen haben, dem ich nicht in bestimmten Punkten widersprechen könnte, und Mr. Whistlers Vortrag gestern abend war wie alles, was er vollbringt, eine Meisterleistung. Nicht allein wegen der gescheiten Satire und der geistreichen Scherze, sondern wegen der reinen und vollendeten Schönheit vieler seiner Worte — vorgetragen mit einem Ernst, der viele zu überraschen schien, die ihn sonst lediglich für einen Meister der Persiflage und nicht, wie wir, einen Meister der Malerei gehalten haben. Denn es ist meine Ansicht, daß er in der Tat einer der größten Meister der Malerei ist. Und ich will hinzufügen, daß Mr. Whistler dieser Ansicht ohne Vorbehalt zustimmt.

Briefwechsel Whistler — Wilde

AN DEN DICHTER

OSCAR — ich habe Ihren exquisiten Bericht in der *Pall Mall* gelesen. In der Schmeichelei "des Malers" durch "den Dichter" ist nichts delikater als die *naïveté* "des Dichters" in der Wahl seiner Maler — Benjamin West und Paul Delaroche!

Sie haben als des Malers Aufgabe das Finden von *"le beau dans l'horrible"* hervorgehoben und "dem Dichter" die Aufgabe überlassen, *"l'horrible dans le beau"* zu entdecken!

CHELSEA

AN DEN MALER

LIEBER Schmetterling — Mit Hilfe eines Biographischen Handbuchs habe ich entdeckt, daß es einst zwei Maler namens Benjamin West und Paul Delaroche gab, die etwas voreilig über die Kunst Vorträge hielten. Da von ihrem Werk nichts übriggeblieben ist, schließe ich, daß sie sich hinwegerklärt haben.

Seien Sie beizeiten gewarnt, James; und bleiben Sie, wie ich selber, unverständlich. Groß sein heißt unverstanden sein. — *Tout à vous,*

OSCAR WILDE

AN DAS KOMITEE
DER 'NATIONAL ART EXHIBITION'

GENTLEMEN — Ich nehme natürlicherweise Anteil an jedem Unterfangen von Malern, das den Nachweis erbringt, daß sie noch am Leben sind — … doch wenn dann noch Oscar daherkommt, dann lassen Sie alles zur Farce werden und ziehen den Hohn und die Lächerlichkeit Ihrer europäischen *confrères* auf sich.

Was verbindet Oscar mit der Kunst? außer daß er an unseren Tafeln speist und aus unseren Schüsseln die Rosinen klaubt für den Kuchen, den er in der Provinz verhökert. Oscar — der liebenswürdige, verantwortungslose, gastronomische Oscar — der so wenig weiß, was an einem Bild stimmt, wie ob ein Rock richtig sitzt, hat den Mut einer Meinung … von anderen!

Ich verbleibe, Gentlemen, Euer ergebenster

Aus einer Anmerkung in Schwarz und Weiß zu Mr. Whistlers Vortrag

INDEM Mr. Whistler, von seinem eigenen leidenschaftslosen Sockel herab, aufgezeigt hat, daß die Macht des Malers in seinen gewaltigen Visionen liegt und nicht in seiner geschickten Hand, hat er eine Wahrheit ausgesprochen, die es auszusprechen galt und die, ausgehend von diesem Beherrscher der Form und Farbe, ihre Wirkung nicht verfehlen kann. Sein Vortrag mag für das Volk den Apokryphen gleichkommen, doch wird er fortan die Bibel für den Maler bleiben, das Meisterwerk der Meisterwerke, das Hohe Lied der Lieder. Zwar hat er zu einer Lobeshymne auf den Philister angesetzt, aber ich kann mir vorstellen, daß Ariel im Scherz auch den Caliban preist; und daß er den Kritikern eine Aschermittwochpredigt gehalten hat, dafür sollen ihm alle dankbar sein, die Kritiker selbst sogar am allermeisten, denn er hat sie nun der Notwendigkeit einer langweiligen Existenz enthoben. Als bloßer Redner gesehen, scheint Mr. Whistler beinahe allein zu stehen. Von allen unseren öffentlichen Rednern wüßte ich in der Tat keinen, der auf so glückliche Weise die Heiterkeit und Boshaftigkeit des Puck mit dem Stil der großen Propheten zu verbinden wüßte.

Ansichten

AUCH Mr. Whistler hatte ein Evangelium der Kunst, aber es nahm gewöhnlich die Gestalt einer Autobiographie an. Mr. Whistler hat Kunst immer groß geschrieben, er schrieb sogar, und tut dies dem Vernehmen nach immer noch, "ART" mit einem großen "I". Langweilig war er jedenfalls nie. Sein brillanter Witz, seine ätzende Satire und seine amüsanten Epigramme, oder vielleicht sollte man eher sagen: seine amüsanten Epitaphe auf die Zeitgenossen, machten seine Kunstansichten so ergötzlich wie irreführend, so faszinierend wie unfundiert. Übrigens hat er auch den amerikanischen Humor in die Kunstkritik eingeführt, und schon aus diesem Grund steht ihm liebevolles Angedenken zu.

Mr. Whistler bedient sich aus irgend einem Grund gern des Ausdrucks der minderen alttestamentarischen Propheten. Möglicherweise geschah das, um sein allbekanntes Vertrauen auf Wort-Inspiration zu bekunden, vielleicht dachte er auch mit Voltaire, *"Habbakuk est capable de tout"*, und verbarg sich gern hinter dem Schild eines gewißlich verantwortungslosen Propheten, von dessen Prophezeiungen gemäß dem französischen Philosophen nicht eine einzige eingetroffen ist. Die Idee war am Anfang ganz geschickt, aber gegen Ende wurde die Manier doch etwas monoton. Der Geist der Hebräer ist ausgezeichnet, doch sollte man ihre Schreibweise besser nicht zum Vorbild nehmen, da bringen auch noch so viele amerikanische Witze die Modernität nicht zustande, die so wesentlich zu einem literarischen Stil gehört. So bewundernswert Mr. Whistlers Feuerwerk auf der Leinwand ist, sein Prosafeuerwerk ist abrupt, heftig und übertrieben.

GILBERT K. CHESTERTON

Streitlust,
das ist besonders heutzutage
eine große Tugend

Über den Witz Whistlers

MR. Arthur Symmons, dieser fähige und einfallsreiche Autor, hat in einen Essayband, wie ich glaube, eine Apologie für *Londoner Nächte* aufgenommen, worin er sagt, in der Kritik sei die Moral der Kunst ganz unterzuordnen, und er argumentiert reichlich seltsam, daß doch Kunst oder die Anbetung des Schönen zu allen Zeiten gleich geblieben, Moral hingegen in allen Belangen immer wieder verschiedenartig gewesen sei. Seine Leser sollen doch bloß einmal versuchen, so hört sich das an, auch nur eine einzige ethische Konstante anzuführen! Das ist sicher ein ziemlich eigenartiges Beispiel für jene extravagante Voreingenommenheit gegen die Moral, die so viele ultramoderne Ästheten so morbid und fanatisch erscheinen läßt, wie irgend ein östlicher Eremit es ist.

Unzweifelhaft gehen moderne Intellektuelle gern mit der Phrase um, daß sich die Moral einer Zeit von der einer anderen vollständig unterscheidet. Und wie so viele moderne intellektuelle Phrasen bedeutet sie überhaupt nichts. Wenn die eine Moral so ganz anders ist als die andere, warum heißen sie denn beide gleich? Gerade als wollte jemand sagen: "Kamele sind allerorten ganz verschieden; die einen haben sechs, andere keine Beine, einige haben Schuppen, andere Federn, wieder andere Hörner, oder Flügel, ein paar sind grün, ein paar dreieckig. Sie haben nichts miteinander gemein." Da würde man doch vernünftigerweise fragen, warum man sie alle Kamele nennen sollte. Was heißt dann überhaupt "Kamel"? Wie würde man sie erkennen? Denn selbstverständlich gibt es eine durchgehende moralische Grundsubstanz, so gut wie es eine durchgehende ästhetische Substanz gibt; damit sagt man bloß aus, daß Moral Moral ist und Kunst Kunst. Ein idealer Kunstverständiger würde zweifellos eine Schönheit von Dauer in jeder Schule feststellen, gleicherweise würde ein Moralgelehrter eine gültige Ethik in jedem Sittenkodex erkennen. Und doch haben einige der trefflichsten Engländer nichts als Schmutz und Götzendienst in der jenseitigen Frömmigkeit der Brahmanen erblickt. Und es trifft gleicherweise zu, daß die großartigste Schar von Künstlern, die der Renaissance, nichts als Barbarei in der ätherischen Wucht des Barock zu finden vermochte.

Diese Abneigung gegen die Moral wird unter den modernen Ästheten eifrig zur Schau gestellt. Sie ist eigentlich gar keine Abneigung gegen die Moral, sondern gegen die Moral der andern. Sie stützt sich im allgemeinen auf eine moralische Vorliebe für eine bestimmte Lebensauffassung — heidnisch, glaubwürdig, menschlich. Der moderne Ästhet, der uns weismachen will, er schätze Schönheit mehr als Lebensführung, liest Mallarmé und trinkt in der Taverne Absinth. Aber das zeigt nicht nur die Schönheit, die er bevorzugt, sondern eben auch die Lebensführung, die er bevorzugt. Wenn er uns wirklich von seinem so ausschließlichen Schönheitssinn überzeugen wollte, so würde er in die Schulen der Wesleyaner gehen und würde malen, wie sich das Sonnenlicht in den Haaren der Wesleyaner Babies bricht. Er müßte nichts anderes lesen als die wohlgeformten Predigten der altertümlichen Presbyterianer. Das Fehlen von jeglichen moralischen Einverständnissen würde sein Interesse als rein auf Bild und Wort ausgerichtet ausweisen; doch in alledem, was er liest oder was er schreibt, klammert er sich an die Rockschöße seiner eigenen Moral und seiner eigenen Unmoral. Die Anhänger des *L'art pour l'art* ziehen immer gegen das Moralisieren von Ruskin ins Feld; als wirkliche Verfechter des *L'art pour l'art* würden sie nur auf Ruskins Stil herumreiten.

Der Erfolg dieser Ansicht von der Andersartigkeit von Kunst und Moral beruht größtenteils darauf, daß Moral und Kunst in Person und Leistung ihrer größten Meister so hoffnungslos verquickt sind. Die reinste Verkörperung dieses glücklichen Gegensatzes war Whistler. Niemand hat die Unpersönlichkeit der Kunst so beredt gepredigt; niemand hat es auf so persönliche Art getan. Für ihn hatten die Bilder mit der Beurteilung des Charakters nicht das geringste zu tun, doch für seine leidenschaftlichen Verehrer war sein Charakter von weitaus mächtigerer Ausstrahlung als alle seine Bilder. Er ließ sich als einen Künstler verklären, der abseits steht von Gut und Böse. Doch er redete von morgens bis abends unablässig vom bösen Unrecht und von seinem eigenen guten Recht. Seiner Talente waren viele, seiner Tugenden, muß man gestehen, nicht so viele, sieht man von seiner Güte gegenüber bewährten Freunden ab, die seine Biographen so sehr herausstreichen, doch diese Eigenschaft teilt er mit allen klugen Leuten, auch Seeräubern und Taschendieben; darüberhinaus beschränken sich seine Tugenden im wesentlichen auf zwei bewundernswerte — Mut und eine abstrakte Hingabe an gute Arbeit. Und diese zwei Tugenden kamen ihm wohl mehr zustatten als alle seine Begabungen. Man muß etwas von einem Moralisten haben, um zu predigen, selbst wenn man Unmoral predigt. Professor Walter Raleigh hat in seinem *In Memoriam: James McNeill Whistler* zutreffend einen starken Hang zu exzentrischer Aufrichtigkeit in allen Belangen der Malerei betont, der seinen komplexen und leicht verwirrten Charakter kennzeichnete. "Eher hätte er eins seiner Gemälde vernichtet als einen schlampigen oder ausdruckslosen Strich stehengelassen. Lieber begann er hundertmal neu, als daß er seine Bilder durch Flickerei verbessert hätte."

Niemand wird es Professor Raleigh, dem eine Art Leichenrede aus Anlaß einer Gedächtnisausstellung aufgetragen wurde, verdenken, daß er sich in solcher Lage vor allem den Verdiensten und Vorzügen des Geehrten widmete. Nach den Schwächen von Whistler müßten wir uns anderswo umsehen, ganz aus den Augen lassen dürfen wir sie aber nicht. Es geht jedoch gar nicht so sehr um einzelne von Whistlers Schwächen, sondern um die wesentliche und ureigene. Er war einer von denen, die bis an die Grenze ihrer emotionellen Verhältnisse leben, die immer gespannt sind und voll prickelnder Eitelkeit. Da blieb ihm keine Kraft mehr übrig, keine Herzensgüte, keine Heiterkeit; denn Heiterkeit könnte beinahe definiert werden als überschüssige Kraft; er vergaß sich nie; sein ganzes Leben war, um seinen eigenen Ausdruck zu gebrauchen, ein Arrangement. Er verlegte sich auf "die Kunst des Lebens" — ein kläglicher Trick. Mit einem Wort: er war ein großer Künstler, aber gewiß kein großer Mensch. Und hier muß ich Professor Raleigh nachdrücklich widersprechen gerade in dem, was sich, oberflächlich literarisch gesehen, besonders wirkungsvoll ausgenommen hat. Er vergleicht Whistlers Lachen mit dem eines anderen großen Künstlers, der auch ein großer Mensch war. “Seine Haltung dem Publikum gegenüber war genau die von Robert Browning — der lange Zeit vernachlässigt und mißverstanden wurde — in jenen Versen von ‘The Ring and the Book’:

Well, British Public, ye who like me not,
(God love you!) and will have your proper laugh
At the dark question; laugh it! I’d laugh first.

[Nun, Britisch Publikum, die ihr mich nicht mögt
(Gott hab euch lieb!) und einst gehörig lachen werdet
Zur düsteren Frage; lacht doch nur! Ich lach zuerst.]”

“Mr. Whistler”, setzte Professor Raleigh hinzu, “lachte immer zuerst.”

Ich glaube, daß in Tat und Wahrheit Mr. Whistler überhaupt nie lachte. Lachen war nicht in seiner

Natur, denn darin lag keine Sorglosigkeit, kein Selbstvergessen, keine Demut. Mir geht nicht ein, wie jemand *Die feine Art sich Feinde zu machen* lesen und dabei denken kann, daß in dem Witz ein Lachen vorkommt. Whistlers Witz ist ihm eine Qual. Er verrenkt sich in wundersamste Wortkünstlichkeiten; er ist voll grausamer Sorgfalt; eingeflößt ist ihm der vollkommen ernsthafte Geist aufrichtiger Bösartigkeit. Er verletzt sich, um seinen Gegner zu verletzen. Browning hingegen, er lachte, da er sich nicht sorgte, denn Browning war ein großer Mensch. Und wenn er in seiner Klammer den einfachen vernünftigen Leuten, die seine Bücher nicht mochten, sagte "Gott hab euch lieb!", dann nicht aus Hohn. Er sagte es lachend, das heißt, er sagte genau das, was er meinte.

Es gibt drei unterscheidbare Klassen von großen Satirikern, die auch große Menschen sind — also drei Klassen von Menschen, die lachen können, ohne ihre Seele preiszugeben. Zum ersten Typus gehört, wer sich über sich selbst freut und an seinen Feinden Freude haben kann. In diesem Sinn liebt er seine Feinde, und in einer Art Übertreibung des Christentums liebt er seinen Feind um so mehr, je mehr dieser zu seinem Feind wird. Es liegt eine überwältigende und aggressive Glückseligkeit in seinen zornigen Auftritten; sein Fluch ist so menschlich wie sein Segen. Das große Beispiel dieser Gattung Satire ist Rabelais. Es ist das erste Beispiel der Satire, sie ist beredt, gewaltig, unanständig, nicht aber bösartig. Whistlers Satire war nicht dieser Art. Schlicht glücklich war er in keiner seiner Streitereien; der Beweis ist, daß er nie absoluten Unsinn von sich gab. Ein zweiter Typus von Geisteshaltung, die Satire von menschlicher Größe hervorbringt, verkörpert sich im Satiriker, dessen Leidenschaft durch einen Sinn für unerträgliches Unrecht veranlaßt wird. Er gerät in Wahnsinn, wenn er spürt, daß Menschen in den Wahnsinn getrieben werden; seine Zunge ist dann nicht mehr im Zaum zu halten und legt gegen alle Menschheit Zeugnis ab. Von solcher Art war Swift, dessen *saeva indignatio* eine Bitterkeit gegenüber andern war, weil es eine Bitterkeit gegenüber sich selber war. Ein solcher Satiriker war Whistler nicht. Whistler lachte nicht, weil er glücklich war, wie Rabelais. Er lachte auch nicht, weil er unglücklich war, wie Swift.

Im dritten Typus kann sich der Satiriker über seine Opfer erheben auf die einzig ernsthafte Weise, die die Überlegenheit ertragen kann, indem er den Sünder bemitleidet und den Menschen achtet, auch wenn er ihn satirisch behandelt. Eine derartige Leistung bringt etwa Alexander Pope in *Atticus* zustande, einem Gedicht, in dem der Satiriker fühlt, daß er Schwächen belächelt, die dem literarischen Genie besonders zu eigen sind. Somit macht er sich ein Vergnügen daraus, vor des Feindes Schwächen dessen Stärken hervorzuheben. Das ist vielleicht die höchste und ehrbarste Form der Satire. Es ist nicht die Art von Whistler. Er ist nicht von Gram erfüllt über ein Unrecht an der menschlichen Natur; für ihn ist alles Unrecht ihm selbst angetan worden.

Er war keine große Persönlichkeit, da er so viel über sich selber nachdachte. Die Anklage ist sogar noch gewichtiger. Er war oftmals nicht einmal ein großer Künstler, weil er so viel an die Kunst dachte. Wenn man sich in der menschlichen Psyche gut auskennt, sollte man jedem mit tiefstem Mißtrauen begegnen, der sich zum großen Künstler ausruft und ständig nur von der Kunst redet. Die Kunst ist etwas Berechtigtes und Menschliches, wie Gehen oder Beten; doch wo fortwährend feierlich darüber gesprochen wird, kann man mit schöner Gewißheit darauf schließen, daß etwas schief gelaufen ist.

Das künstlerische Temperament ist eine Krankheit, die Amateure befällt. Ein Gebrechen in Leuten, die nicht genügend Ausdruckskraft haben, ihr künstlerisches Wesen zu äußern und loszuwerden.

Es ist für jeden Gesunden bekömmlich, die Kunst in sich auszudrücken; es ist für jeden Gesunden wesentlich, daß er die Kunst in sich um jeden Preis los wird. Künstler von großer und gesunder Vitalität werden mit ihrer Kunst leicht fertig, wie sie leicht atmen oder schwitzen. Aber in weniger kräftigen Künstlern wird die Sache zu einem Druck und verursacht wahrhaftigen Schmerz, den man das künstlerische Temperament nennt. So sind die allergrößten Künstler fähig, gewöhnlich zu sein — Leute wie Shakespeare oder Browning. Viele leibhaftige Tragödien rühren vom künstlerischen Temperament, Tragödien der Eitelkeit, der Gewalt oder der Furcht. Doch die größte Tragödie des künstlerischen Temperaments ist, daß es keine Kunst hervorbringt.

Kunst hervorbringen konnte Whistler; insofern war er ein großer Mann. Aber ihm ging sie nie aus dem Sinn, insofern war er ein großer Mensch mit einem künstlerischen Temperament. Es kann keinen besseren Nachweis geben für den wahrhaft großen Menschen als die Begabung, das Thema Kunst auch einmal fallenzulassen und, wenn's sein muß, in die unterste Hölle zu verwünschen. Wir würden uns doch auch einem Rechtsanwalt viel mehr anvertrauen, der uns nicht noch beim Abendessen Rechtsbelehrungen um die Ohren schlägt. Was wir von irgendeinem Mann in irgendeinem Beruf erwarten, ist, daß er seine Aufgabe vollkommen erfüllt, aber nicht, daß er von seiner Aufgabe vollkommen erfüllt wird. Wir wollen nicht, daß die von unserem Gerichtsfall freigesetzten Kräfte übergreifen auf das Spiel unseres Anwalts mit seinen Kindern, seine Radfahrten und seine Betrachtungen des Sternenhimmels. Im Gegenteil wollen wir, daß sein Spiel mit den Kindern, seine Radfahrten und seine Himmelsbetrachtungen Kräfte freisetzen, die auch dem Prozeß zugutekommen. Wir wünschen, daß sein Radfahren seine Lunge stärkt oder daß vom Sternenhimmel ein paar schlagende

Metaphern abfallen, die sich vielleicht für unsere Sache vor Gericht anwenden lassen. Mit einem Wort, wir sind heilfroh, daß einer ein gewöhnlicher Mensch ist, weil er dann auch einen um so besseren Anwalt abgeben mag.

Whistler ließ nie davon ab, Künstler zu sein. Wie es Max Beerbohm in einer seiner klugen und ehrlichen Kritiken pointiert aussprach, betrachtete sich Whistler als sein größtes Meisterwerk. Die weiße Stirnlocke, das Monokel, der eigenartige Hut — das war ihm viel wichtiger als die Nocturnos oder die Arrangements, die er hinmalte. Die Nocturnos konnte er hinwerfen, den Hut, aus irgend einem Grunde, nicht. Nie warf er die ganze übermäßige Anhäufung von Ästhetizismus, die Bürde des Amateurs, von sich.

Man braucht kaum noch zu erwähnen, daß hierin die Erklärung liegt für etwas, was dilettantischen Beurteilern so viel Kopfzerbrechen gemacht hat, die äußerste Gewöhnlichkeit vieler genialer Männer in der Geschichte. Ihr Verhalten war so normal, daß man davon nichts aufzeichnete; daher wurde es so normal, daß es geheimnisvoll wirkte. So finden Leute, daß Bacon Shakespeare geschrieben hat. Das moderne künstlerische Temperament kann nicht begreifen, wie einer, der so Lyrisches wie Shakespeare verfassen konnte, sich so gerissen mit Geschäften in einem Städtchen von Warwickshire abgeben konnte. Das erklärt sich einfach genug; Shakespeare hatte eine lyrische Ader, schrieb wirkliche Gedichte, brachte die Sache hinter sich und befaßte sich dann mit seinen Geschäften. Sein Künstlertum hinderte ihn nicht daran, ein gewöhnlicher Mensch zu sein, so wenig sein nächtlicher Schlaf oder seine Mahlzeiten dies verhindert hätten.

Alle großen Lehrer und Führer hatten diese Gewohnheit: ihre Ansichten waren menschlich und unauffällig, jeder Vorübergehende konnte davon angesprochen werden. Wer seinen Mitmenschen wirklich überlegen ist, glaubt zuallererst an die Gleichheit aller Menschen. Wir sehen das beispielsweise in jener seltsamen, unschuldigen Zweckmäßigkeit, mit der Christus zur bunten Menge sprach, die Ihn jeweils umgab: "Welcher Mensch ist unter euch, der hundert Schafe hat, und so er deren eins verlieret, der nicht lasse die neunundneunzig in der Wüste und hingehe nach dem verlornen, bis daß er's finde?" Oder auch "Welcher ist unter euch Menschen, so ihn sein Sohn bittet ums Brot, der ihm einen Stein biete? oder so er ihn bittet um einen Fisch, der ihm eine Schlange biete?" Diese Alltäglichkeit, diese fast prosaische Kameradschaftlichkeit zeichnet alle großen Geister aus.

Den wahrhaft großen Geistern ist das, worin die Menschen übereinstimmen, so unermeßlich viel wichtiger als das, worin sie sich nicht einig sind, daß Letzteres für sie praktisch bedeutungslos wird. Sie haben zu viel von diesem uralten Lachen in sich, als daß sie eine Auseinandersetzung auf sich nehmen würden über die Hüte zweier Männer, die beide vom Weibe geboren sind, oder den subtil abweichenden Lebensstil zweier Männer, die beide sterben werden. Der erstrangige große Mensch ist gleich den anderen, wie Shakespeare; der zweitrangige liegt vor ihnen auf den Knien, wie Whitman; der drittrangige große Mensch ist anderen Menschen überlegen, wie Whistler.

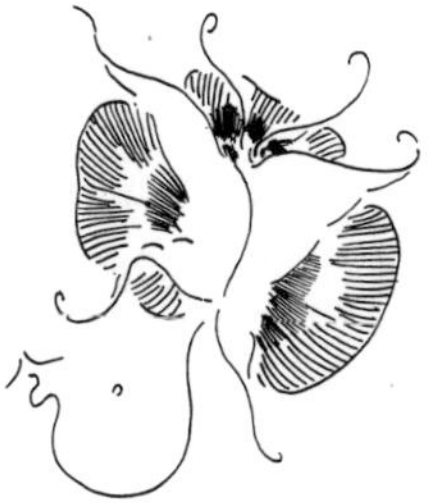

ANHANG

Ein gutes Kunstwerk kann und wird
zwar moralische Folgen haben,
aber moralische Zwecke vom Künstler
fordern, heißt ihm sein Handwerk
verderben. Goethe

Nachwort

SO sicher Whistler heute als Maler unterschätzt wird — das heißt: dem Gros deutscher Museengänger allenfalls dem Namen nach bekannt ist —, so sicher ist er kein Jahrhundert-Genie wie Tizian, Rembrandt oder Velasquez, neben die er sich selbstsicher plazierte. Aber Whistler ist mehr als ein Maler. Er ist ein Fall.

Als Theoretiker, Dandy und gnadenloser Streiter muß er einem Publikum unheimlich sein, das sein Bild vom Künstler aus dem Goetheschen "bilde Künstler, rede nicht" bezieht. Und bei Kunstkritikern und -wissenschaftlern, die Whistler so ausgiebig düpiert hat, mag eine latente Schadenfreude nachwirksam sein, wenn dem Verächter "vortrefflicher Mittelmäßigkeit" nun selbst ein Fach in der kunsthistorischen Schublade 'guter zweiter Meister' angewiesen wurde.

Aber auch der Theoretiker Whistler paßt derzeit keiner Richtung. Vom Fortschritt hielt er ebensowenig wie vom Fortschritt in der Kunst — dennoch hat er einiges zu ihrem Fortschreiten getan. Wenn heute progressiv ist, was die revolutionäre oder demokratische oder humanistische Moral (jedenfalls eine Moral) befördert, so war Whistler zu seiner Zeit progressiv, indem er die Kunst vor der victorianischen Moral (auch einer Moral) verwahrte. Es wird Zeit sich zu erinnern, daß die demokratie-(weil bourgeoisie-)feindlichen Elitären von Baudelaire bis Whistler die moderne Kunst geschaffen haben; sie haben Großstadt, Technik und Industrie, das Häßliche, Alltägliche und Banale kunstfähig gemacht.

James Abbott Whistler (1834 – 1903) wurde in Lowell im Staate Massachusetts geboren. (Später wollte ihn ein Amerikaner in Paris mit dem Hinweis beglücken, er stamme auch aus Lowell. Whistler: "Ich habe es mir nicht ausgesucht, dort geboren zu werden.") Mit dem Mädchennamen seiner Mutter Anna Mathilda *McNeill* komplettierte er dann seinen Namen zu der beabsichtigt ungewöhnlichen Klangfolge. Der Vater, George Whistler, Yankee-Major und Ingenieur, leitete 1843 – 1849 im Auftrag der russischen Majestät den Bau der Eisenbahnlinie Moskau — St. Petersburg. In Rußland lernte James Französisch, das er zeitlebens so gut beherrschte wie Englisch. Zurück in den USA, steckte ihn der Vater in die Militärakademie West Point, wo man ihn — wie zwanzig Jahre zuvor Edgar Poe — wegen "schlechter Leistung und Führung" hinauswarf. (Nach dem Datum einer Schlacht befragt, wußte er keine Antwort. Der unterrichtende Offizier ließ sich zu einem Scherz herab: "Was wollen Sie später sagen, wenn bei einem Dinner Ihre Tischdame Sie das gleiche fragt?" — "Ich möchte nichts mit Leuten zu tun haben, die bei Tisch so unanständige Fragen stellen.")

1855 ging der 21jährige Whistler nach Paris, um Maler zu werden. Den Boden der Vereinigten Staaten hat er nicht mehr betreten. Er lebte in Paris, London, Venedig oder Amsterdam; er lernte Manet, Degas, Pissarro, Toulouse-Lautrec, Courbet und Monet kennen, befreundete sich — soweit ihm das möglich war — mit Dante Gabriel Rossetti und Algernon Charles Swinburne und zählte zu den Stammjüngern bei Mallarmés 'Dienstagabenden'. Seine Bilder betitelte er 'Symphony in White', 'Nocturne in Blue and Gold' oder 'Arrangement in Grey and Black' und signierte mit einem stilisierten Schmetterling. 1863 war er mit Monet der meistdiskutierte Maler im 'Salon des Refusés'. Er kleidete sich extravagant und war in der Gesellschaft als gefürchteter Alleinunterhalter beliebt. Degas zu Whistler: "Sie wären der lächerlichste Mensch in Paris, wenn Sie nicht ein Genie wären."

Die feine Art sich Feinde zu machen (Untertitel: *Unterhaltende Beispiele, wie ich die Ernsthaften dieser*

Erde mit Vorbedacht zur Raserei gebracht habe — Widmung: *Den Wenigen, die sich schon früh im Leben von der Anerkennung der Allzuvielen befreiten*) ist das einzigartige Dokument einer Artisten-Vendetta. Es versammelt Whistlers Kleinkriege mit Kritikern, Professoren, Behörden und der Stimme des Volkes; ausgebreitet in Zitatcollagen aus Rezensionen von seltener Dummheit (Überschrift: *An ihren eigenen Worten sollt Ihr sie erkennen*), in Dokumentationen ausgiebiger Zeitungsfehden, wo Whistler stets das letzte Wort behält, und dem *Zehn-Uhr-Vortrag* als längstem, mehr oder weniger ohne direkten polemischen Anlaß ausgesponnenem Text. Whistler hielt seinen Vortrag dreimal: am 20. Februar 1885 in London, am 24. März in Cambridge und am 30. April in Oxford, bevor er ihn, kostbar gestaltet, zum Druck beförderte; 1888 erschien die französische Ausgabe, übersetzt von Mallarmé.

Angefangen hatte alles mit John Ruskin. Kunstpapst und -professor Ruskin schrieb über Whistlers

'Nocturne in Black and Gold', das mit 200 Guineen ausgezeichnet war:

"Ich habe schon genug Gassenjungen-Frechheit erlebt, trotzdem hätte ich nicht gedacht, daß ein Hanswurst es wagen würde, für einen Topf Farbe, den er dem Publikum ins Gesicht wirft, 200 Guineen zu fordern."

Whistler verklagte Ruskin wegen Beleidigung und Geschäftsschädigung auf 1000 Pfund Schadenersatz. Seine Aufzeichnung der Prozeß-Farce *Whistler versus Ruskin* bildet den Introitus zur *Gentle Art of Making Enemies:*

Staatsinstitution Professor Ruskin wurde durch den Staatsanwalt vertreten; dieser eröffnete:

"Wenn die Geschworenen gegen Mr. Ruskin entscheiden, so müßte dieser natürlich seine Laufbahn als Kunstkritiker aufgeben."

Whistler antwortete mit einem Ruskin-Zitat: "Es schien mir von jeher, daß ich auf irgendeinem anderen Gebiet viel mehr Gutes hätte tun können."

Whistler wandte sich nicht nur gegen Ruskins den Prozeß auslösende Rezension, sondern bestritt grundsätzlich die Kompetenz aller Kunstkritiker:

"Das Observatorium in Greenwich unter der Leitung eines Apothekers! Die medizinische Fakultät mit einem Dichter an der Spitze, und wir wüßten, daß der Wahnsinn am Ruder ist … aber ein Literateur, der Künstlern Vorschriften macht, kommt niemandem seltsam vor."

Der Staatsanwalt suchte weitschweifig die Kompetenz Ruskins zu beweisen, der doch sein ganzes Leben inmitten von Gemälden verbracht habe. Whistler: "Dann können die Wärter der Nationalgalerie auch mit solchen Ansprüchen kommen."

Der Staatsanwalt fragte Whistler: "Glauben Sie, daß Sie zum Beispiel *mir* Verständnis Ihres Bildes beibringen können?" Whistler zögerte mit der Antwort, studierte eifrig das Gesicht des Staatsanwalts, dann wieder das Bild. Schließlich antwortete er:

"Nein."

Die als Zeugen bemühten Kritiker bemängelten, das Bild sei deswegen keine 200 Guineen wert, weil es an der 'detaillierten Durcharbeit' fehle. Und Whistler gestand, nicht mehr als zwei Tage für die 'Fertigstellung' aufgewendet zu haben. Der Staatsanwalt: "Was? Für die Arbeit von zwei Tagen fordern Sie 200 Guineen?" — Whistler: "Nein, ich fordere sie für die Erfahrung eines Menschenlebens."

Das Urteil zugunsten des Klägers: ein Farthing (= 1/4 Penny) Schadenersatz; zugunsten des Beklagten: Freispruch von allen Prozeßkosten. Der gewonnene Prozeß war Whistlers finanzieller Ruin.

Dafür mußten alle Kritiker büßen. Bei buchstäblich jeder Besprechung schlug Whistler zurück, und zwar durchaus nicht immer auf feine Art. Kein Künstler und kein Autor hat seine Kritiker derart lächerlich gemacht. Whistler ist ein seltener Fall von ausgleichender Ungerechtigkeit. Aber die Leichtigkeit, mit der er seine Giftpfeile abschoß, täusche nicht über die Sorgfalt hinweg, mit der sie gespitzt wurden.

Einmal wollte man ihm 'Engagement' unterstellen. Der damals prominente Sittenwächter Reverend *Horsley* predigte gegen Nackt und Akt: "Ist nicht die Verhüllung des Körpers ein charakteristischer Zug unseres christlichen Glaubens? Jede künstlerische Darstellung des Nackten ist unmöglich damit in Einklang zu bringen." Whistler verzierte seine folgende Ausstellung, bestehend aus Aktzeichnungen, mit einem Transparent: "Horsley soit qui mal y pense".

Anderntags lobte ein linker Pressemann "Mr. Whistlers flammenden Protest gegen bürgerliche Heuchelei". Whistler: "Ich schmeichle mir, das war ein hübscher Ausspruch, das genügt doch. Warum mit der Moral kommen?"

Ein geschädigter Kritiker zog sich auf sicheres Terrain zurück: er wies Whistler zahlreiche orthographische und grammatische Fehler nach und fand falsche lateinische Zitate. Whistler antwortete mit einer Anekdote:

"Wie gut ist es doch, vorbereitet zu sein. Es war einmal ein Zeuge, der auf die Frage, wie weit er von der Stelle entfernt stand, an der die Tat geschah, ohne Zögern antwortete: '3 Fuß, 6 Zoll'. — 'Aber Herr', rief der Anwalt, 'wie können Sie mit solcher Genauigkeit aussagen?' — 'Ja sehen Sie, ich dachte gleich, später wird mich irgendein Esel ausfragen, da hab ich nachgemessen.'"

Whistler hatte nicht nur was gegen Kritiker, die was gegen ihn hatten, er mischte sich auch ein, wenn Kritiker schlechte, aber erbauliche Künstler lobten: "Eine Arbeit hat nur *eine* Entschuldigung: ihre Qualität. Sie bekommt nicht mehr Sinn, weil ein ehrliches, doch verfehltes Leben mit ihrer Produktion beschäftigt war. Was bedeutet es, wenn der schwache Künstler unter uns alt geworden ist und sich bei vielen durch seine launigen Einfälle als Nachbar und Steuerzahler beliebt gemacht hat?

Persönlich mag er Anspruch auf unsere Hochachtung haben, als armseliger Künstler ist er verdammt in alle Ewigkeit."

Oscar Wilde hat sich schon früh unter die Adepten Whistlers gereiht; nicht daß er sonderlich viel von Malerei verstand, aber Pose und Paradoxe Whistlers bewunderte er grenzenlos. (Nach einem Whistler-Bonmot entschlüpfte es ihm: "Ich wollte, ich hätte es gesagt!" Whistler soll ihm geantwortet haben: "Das werden Sie, Oscar!") Während seiner Amerikareise interviewt, nannte er Whistler seinen 'Helden' und schrieb ihm Briefe im Whistler-Stil: "Mein lieber Jimmy, man 'schätzt mich *ernsthaft*' hier. Ist das nicht gräßlich? Was würden Sie tun, wenn das Ihnen passierte? Ihr Oscar." In Wildes neuem Haus in der Tite Street sorgte Nachbar Whistler für die künstlerische Innendekoration. Die Freundschaft erfuhr ihre erste Trübung, als sich Wilde für seine Vortragstournee von Whistler präparieren ließ und nun nicht beständig auf Whistler als Quelle hinwies. Bei Whistler hieß das später so:

"Unser gefräßiger Oscar! Er speist an unseren Tischen, wo er sich die Rosinen aus unseren Schüsseln klaubt für den Kuchen, den er in der Provinz verhökert." Und noch später hieß es schlicht: "Der allesverseuchende Plagiator". Whistlers systematischer und erprobter Bösartigkeit war Oscar Wilde nicht gewachsen. Wo er sich persönlich wehrt, wird er platt und unbeholfen: "Plagiatsbeschuldigungen werden stets von den dünnen Lippen der Unfähigkeit oder von den verzerrten Mäulern jener erhoben, die keine eigene Art besitzen ..." Aber wo Wilde in der Sache widerspricht, ist er scharfsinnig, lässig und brillant. So in seinem großen Essay 'Der Kritiker als Künstler' — einer Antwort auf Whistlers historischen Laien-Exkurs über die "Zeit, in der die Kunst am reichsten blühte — als noch kein Kritiker auf der Bildfläche erschienen war".

Und so in seinen Rezensionen zu Whistlers *Zehn-Uhr-Vortrag*, als der Schüler zum erstenmal anderer Meinung als der Meister zu sein wagte. Denn mehr als die gestohlenen Rosinen hatte Whistler Wildes Kritik verstimmt, die am 21. Februar 1885 in der *Pall Mall Gazette* erschien und die Wilde wenig später ergänzte:

"Es ist wahr, daß das Häßliche schön werden kann; dies ist die eigentliche Modernität in der Kunst. Aber ich bin nicht ganz so sicher, ob charmante Menschen weiterhin Kleider tragen sollen, die sowohl häßlich als nutzlos, sowohl nichtssagend als abscheulich sind — selbst wenn ein Meister wie Mr. Whistler sie zu einer Symphonie vergeistigen oder in ungewissen Dunst aufzulösen vermag.

Denn die Kunst ist für das Leben da, und nicht das Leben für die Kunst.

Was Whistler als Maler hervorbringt, ist nicht auf irgendwelche Kunst-Dogmen angewiesen — nicht einmal auf die von Mr. Whistler selbst.

Vielleicht ist der Künstler — geschaffen, um zu betrachten und zu gestalten — weise, wenn er sich nicht darum kümmert, andere zu ändern. Doch es gibt Zeiten, in denen Weisheit auf das Niveau des praktischen Verstandes hinabsinkt.

Durch die leidenschaftliche Torheit jener (und es sind viele), die wollen, daß Schönheit nicht länger auf das bric-à-brac des Sammlers und den Staub der Museen beschränkt bleibe, sondern das naturgegebene Erbe aller sei — durch diese Torheit könnte unfaßbare Schönheit dem Leben geschenkt werden. Und wer weiß, welch vollendete Künstler in dieser günstigen Umgebung erstehen könnten."

Am Beispiel Wilde ist — wie auch sein Essay 'Der Sozialismus und die Seele des Menschen' zeigt — das Faktum bemerkenswert, daß die heute unter 'l'art pour l'art-Bewegung' Subsumierten durchaus nicht die homogene Gruppe oder Schule darstellen, wie man sie zur bequemen Feindbildung braucht.

Chesterton, den keine Literaturgeschichte mit den Epitheta 'katholisch' und 'konservativ' zu versehen verabsäumt, formulierte faßlich eine Kunst-Theorie, die spätere 'engagierte' Verdikte — ja eben nicht 'vorwegnahm', sondern zu esoterischen Repetitionen machte:

"Es sollte keiner die Feder in die Hand oder sogar das Wort in den Mund nehmen, wenn er nicht fest überzeugt ist, daß er recht und der andere unrecht hat. In der Fin-de-Siècle-Atmosphäre behaupteten alle, die Kunst müsse frei sein von allen Zwecken, und die Theaterstücke und Geschichten sollten alle geistvoll und glänzend sein. Und wenn sie ihren Wunsch erfüllt sahen, so waren es ein paar Moralisten, die ihm gerecht wurden. Die wahren Künstler, die kühnen und realistischen, den Kompromiß verabscheuenden Künstler sind jene, die mit Absicht und Zweck schrieben. Wenn wir kühne, ursprüngliche Kunst wollen, müssen wir sie bei Doktrinären suchen."

Seine richtige 'Entstehungstheorie' hat Chesterton nicht vor grotesken Fehlurteilen bewahrt. Etwa als er Ruskin als Vorbild eines doktrinären Künstlers hinstellte: den salbungsvollen Ruskin, der den unglaublichsten Schwachsinn über Kunst und Künstler allzulange und unangefochten verbreitet hat (und Goyas 'Caprichos' verbrannte, weil er so "ekelhaftes Zeug nicht dulden" konnte). Der erste, der gegen den Dilettanten Ruskin auftrat, war Whistler. Vielleicht war Whistler ein großer Künstler; ganz sicher war der Kritikerfeind Whistler ein tod-sicherer Kritiker.

Große Kunst kann nur aus un-ästhetischen Motiven entstehen (Chesterton); aber den Rang des Kunstwerks bestimmen nur seine ästhetischen Qualitäten (Whistler).

GERD HAFFMANS

NACHWEISE

WHISTLER

"Das rote Tuch" ("The Red Rag"), "Regeln der Kunst" (Propositions-No. 2), "Eines Kritikers Analysen und Gedanken" ("Critic's Analysis", "The Critic's Mind Considered"), und der "Zehn-Uhr-Vortrag" ("Mr. Whistler's 'Ten o'-Clock'") aus *The Gentle Art of Making Enemies,* London: William Heinemann, 1890. Ebenfalls der Brief "An den Dichter" ("To the Poet").

OSCAR WILDE

"Mr. Whistlers Zehn-Uhr-Vortrag" ("Mr. Whistler's Ten o'-Clock"), aus der *Pall Mall Gazette,* London, 21. Februar 1881.
"An den Maler" ("To the Painter"), aus Whistler, *"The Gentle Art of Making Enemies".*
"Aus einer Anmerkung in Schwarz und Weiß zu Mr. Whistlers Vortrag" ("The Relation of Dress to Art. A Note in Black and White on Mr. Whistler's Lecture") aus der *Pall Mall Gazette,* London, 28. Februar 1885.
"Ansichten" aus "The New President", *Pall Mall Gazette,* London, 26. Januar 1889.

CHESTERTON

"Über den Witz Whistlers", "On the Wit of Whistler", aus Gilbert K. Chesterton, *Heretics*, London: John Lane/ The Bodley Head, 1905.

ILLUSTRATIONEN

Frontispiz: Selbstporträt von Whistler; Zwischentitel Whistler von Max Beerbohm; Zwischentitel Wilde von Whistler; Zwischentitel Chesterton von Max Beerbohm; Umschlagzeichnung und Vignetten von Whistler.

www.Zweitausendeins.de